1900년 전에 보내온 편지

1900년 전에 보내온 **편지**

초판 1쇄 인쇄 2015년 2월 11일
초판 1쇄 발행 2015년 2월 13일

지은이 강 신 의
펴낸이 손 형 국
펴낸곳 (주)북랩
편집인 선일영 편집 이소현, 이탄석, 김아름
디자인 이현수, 김루리, 윤미리내 제작 박기성, 황동현, 구성우
마케팅 김회란, 박진관, 이희정
출판등록 2004. 12. 1(제2012-000051호)
주소 서울시 금천구 가산디지털 1로 168, 우림라이온스밸리 B동 B113, 114호
홈페이지 www.book.co.kr
전화번호 (02)2026-5777 팩스 (02)2026-5747

ISBN 979-11-5585-486-0 03230(종이책) 979-11-5585-487-7 05230(전자책)

이 도서의 국립중앙도서관 출판예정도서목록(CIP)은 서지정보유통지원시스템 홈페이지(http://seoji.nl.go.kr)와 국가자료공동목록시스템(http://www.nl.go.kr/kolisnet)에서 이용하실 수 있습니다.
(CIP제어번호 : CIP2015004398)

그림으로 읽는 요한계시록

1900년 전에 보내온 편지

P·I·C·T·U·R·E B·I·B·L·E

글·그림 강신의

북랩book Lab

지금 계시고, 전에도 계셨고, 장차 오실 분과
그의 보좌 앞에 있는 일곱 영과
신실한 증인이시며, 죽은 자들 가운데에서 처음 나시고,
땅의 왕들의 통치자이신 예수 그리스도께로부터
은혜와 평강이 여러분에게 있기를 바랍니다.

우리를 사랑하사 그의 피로

우리의 죄들에서 우리를 씻으시고

하나님 곧 그의 아버지 앞에

우리를 왕들과 제사장들로 삼으신 그분께

영광과 주권이 영원무궁토록 있습니다.

아멘.

프롤로그

예수 그리스도의 계시입니다.
이것은 하나님께서 반드시 곧 일어날 일들을 그분의 종들에게 보여 주시려고 그분께 주신 것인데 그분께서 천사를 보내 그분의 종 요한에게 알려주신 것입니다.
요한은 하나님의 말씀과 예수 그리스도의 증거와 그가 본 모든 것을 그대로 적었습니다.

이 예언의 말씀을 읽는 사람과 듣는 사람들과 그리고 이 책에 기록된 모든 것들을 지키는 사람들은 복이 있습니다.

왜냐하면 그때가 가까이 왔기 때문입니다.

보십시오!

그분은 구름들과 함께 오십니다.

모든 사람들이 그 분을 볼 것이고, 그분을 찔렀던 자들도

또한 볼 것입니다. 그리고 땅의 모든 사람들이

그분으로 말미암아 슬퍼하며 통곡할 것입니다.

정말로 그렇습니다.

아멘!

지금 계시고, 전에도 계셨고, 장차 오실 전능하신 분, 주께서 말씀하십니다.

"나는 알파와 오메가요, 시작과 끝이다."

1

여러분의 형제이며 예수 그리스도의 환란과 나라와 인내에 동참하는 나, 요한은 하나님의 말씀과 예수 그리스도를 증거하였음으로 인해 밧모라는 섬에 있게 되었습니다.

주의 날에 나는 성령 안에 있었는데, 뒤에서 나팔소리 같은 큰 음성을 들었습니다.

> "나는 알파와 오메가요, 처음과 마지막이다.
> 네가 보는 것을 책에 적어 아시아에 있는
> 일곱 교회들에게 보내라."

나에게 말씀하시는 음성을 보려고 돌아서니 일곱 금 촛대와 그 촛대 가운데에 사람의 아들 같은 분이 계셨습니다.

S.D.G

그분은 발까지 닿는 옷을 입고,

가슴에는 금띠를 두르고,

그분의 머리와 머리털은 눈처럼 흰 양털같이 하얗고,

눈은 불꽃같고,

발은 용광로에 달군 빛나는 놋 같고,

그분의 목소리는 많은 물들의 소리 같고,

오른손엔 일곱별을 가졌고,

입에서는 양 날이 예리한 칼이 나오며,

그분의 용모는 해가 힘차게 비치는 것 같았습니다.

내가 그분을 보자 그분의 발 앞에 죽은 것처럼 쓰러졌습니다.

그분은 나에게 그분의 오른손을 얹고 말씀하셨습니다.

> "두려워하지 말라.
>
> 나는 처음과 마지막이요,
>
> 나는 살아있는 그다.

내가 죽었었으나,

보라! 나는 영원토록 살아있다. 아멘!

그리고 내가 지옥과 사망의 열쇠를 가지고 있다.

네가 본 것들과 현재 있는 일들과

이후에 일어날 일들을 기록하라.

네가 본 것은 나의 오른 손 위의 일곱별과

일곱 금 촛대의 비밀이다.

일곱별은 일곱 교회의 천사들이고,

네가 본 일곱 촛대는 일곱 교회들이다."

2

이 일 후에 하늘을 쳐다보니

보십시오!

하늘에 문이 열려있고, 처음에 들었던 나팔 소리 같은 그 음성이 내게 말했습니다.

> "이리로 올라오라.
> 내가 앞으로 반드시 일어날 일들을 보여 주겠다."

그리고 나는 즉시 영 안에 있게 되었습니다.

보십시오!

하늘에는 보좌가 있었고 보좌 위에 한 분이 앉아 계셨습니다.

S. D. G

그 보좌에 붉은 보석같이 빛나는 분이 앉아 계셨고 보좌 주위는 에메랄드 같이 보이는 무지개가 있었습니다.

그 보좌 둘레에는 스물 네 개의 자리들이 있었는데 흰 옷을 입고 금 면류관을 쓴 스물 네 명의 장로들이 그 자리에 앉아 있었습니다.

그리고 그 보좌에서는 번쩍이는 번개들과 천둥들과 음성들이 나왔는데 보좌 앞에는 하나님의 일곱 영인 일곱 등불이 타오르고 있었습니다.

3

보좌 앞에는 수정 같은 유리 바다가 있었고 보좌 가운데와 주위에는 앞뒤로 눈이 가득한 네 생물들이 있었습니다.

첫째 생물은 사자 같았고, 둘째 생물은 송아지 같았고,
셋째 생물은 사람과 같은 얼굴을 가졌고,
넷째 생물은 날고 있는 독수리 같았습니다.

네 생물들은 안쪽에 눈들로 가득한 여섯 날개들을 가졌고, 밤낮으로 쉬지 않고 말했습니다.

> "거룩하다. 거룩하다. 거룩하다. 전능하신 주 하나님! 전에도 계셨고, 지금도 계시고, 장차 오실 분이시라."

S. D. G

그 생물들이 보좌에 앉으신 영원히 살아계신 분께 영광과 존귀와 감사를 드릴 때 이십사 장로들도 보좌에 앉아계신 그분 앞에 엎드려 영원토록 살아계신 그분을 경배하며 그들의 면류관을 보좌 앞에 벗어 드리며 말했습니다.

> "오, 주여!
> 당신께서는 영광과 존귀와 권능을 받으시기에 합당하십니다. 이는 당신께서 만물을 창조하셨고, 당신의 기쁘심을 위하여 만물이 존재하며 또 창조되었기 때문입니다."

4

나는 보좌에 앉으신 분의 오른손에 두루마리가 있는 것을 보았습니다. 그것은 앞뒤로 기록되어 있고 일곱 개의 인들로 봉해져 있었습니다.

그때 힘센 한 천사가 큰소리로 외치는 것을 보았습니다.

> "저 두루마리를 펴고 그 인을 떼기에 합당한 이가
> 누구인가?"

그러나 하늘에도, 땅에도, 땅 아래에도 그 두루마리를 펴거나 볼 수 있는 자가 아무도 없었습니다.

그 두루마리를 펴서 읽거나 거기에 쓰인 것을 보기에 합당한

S. D. G

자가 아무도 없는 것을 보고 내가 큰 소리로 울자 장로들 가운데 한 사람이 말했습니다.

“울지 마라. 보라!
유다지파의 사자이고 다윗의 뿌리이신 분이 승리했으니 그 분이 그 두루마리를 펴고 그 일곱 인을 떼실 것이다.”

5

그때 나는 보좌와 네 생물들과 장로들의 한가운데 죽임을 당했던 것 같은 한 어린양이 서있는 것을 보았습니다.
어린양은 일곱 뿔들과 일곱 눈들을 가졌는데 그 눈들은 온 세상에 보내심을 받은 하나님의 일곱 영이었습니다.

어린양이 와서 보좌에 앉으신 분의 오른손에서 두루마리를 받았습니다.

그가 두루마리를 받을 때, 네 생물들과 이십사 장로들이 각각 하프와 향으로 가득한 금대접을 가지고 그 어린양 앞에 엎드렸는데, 그 금대접에 가득한 향은 성도들의 기도였습니다.

그들이 새 노래를 부르며 말했습니다.

S. D. G

"당신은 두루마리를 가지시고 그것의 인봉을 떼기에 합당하십니다.

이는 당신께서 죽임을 당하셨고 모든 족속과 언어와 백성과 민족 가운데서 당신의 피로 값을 치르시고 우리들을 사서 하나님께 드리시고 우리 하나님 앞에 우리를 왕들과 제사장들로 삼으셨으니 우리가 땅 위에서 통치할 것입니다."

6

내가 또 본 것은 보좌와 생물들과 장로들을 둘러선 수백만, 수천만의 많은 천사들이 있는 것과 그들이 큰 음성으로 말하는 것을 들었습니다.

> "죽임을 당하신 어린양은 권능과 부와 지혜와 힘과
> 존귀와 영광과 찬송을 받으시기에 합당하시도다."

또 나는 하늘과 땅과 땅 아래와 바다에 있는 모든 피조물들과 그 안에 있는 만물들이 말하는 소리를 들었습니다.

> "보좌에 앉으신 분과 어린양께 찬송과 존귀와
> 영광과 권능이 영원무궁토록 있으리로다."

S.D.G

그때 네 생물들이 “아멘!” 하고 말하고 스물 네 장로들이 엎드려 영원무궁토록 살아계신 분께 경배했습니다.

7

나는 그 어린양이 일곱인 가운데 하나를 떼시는 것을 보았습니다. 그리고 네 생물들 가운데 하나가 천둥 같은 소리로 말하는 것을 들었습니다.

"와서 보라."

내가 보니 흰말이 있는데 그 말을 탄 자는 활을 가지고 있었습니다. 그에게는 면류관이 주어졌고 그는 나가서 정복하고, 더 정복하기 위해 또 나갔습니다.

그분께서 두 번째 인을 떼실 때 나는 둘째 생물이 "와서 보라." 고 말하는 것을 들었습니다.

S.D.G

그러자 또 다른 붉은 말이 나왔습니다.
그 말을 탄 자에게는 땅에서 평화를 없애는 능력이 주어졌는데 그것은 사람들이 서로를 죽이게 하는 것이었습니다. 그리고 그에게는 큰 칼도 주어졌습니다.

그분께서 셋째 인을 떼실 때 나는 셋째 생물이 "와서 보라."고 말하는 것을 들었습니다. 이번에는 검은 말이 나오는 것을 보았는데 말을 탄 자가 손에 저울을 들고 있었습니다.

그때 네 생물들의 한가운데서 한 음성이 들렸습니다.

"하루 품삯으로 밀 한 봉지만 살 수 있고
하루 품삯으로 보리 세 봉지만 살 수 있다.
너는 기름과 포도주는 살 생각도 할 수 없다."

그분께서 넷째 인을 떼실 때 넷째 생물의 음성이 들렸습니다.

"와서 보라."

말하는 소리에 내가 보니 창백한 말이 나왔습니다.

그 말을 탄 자의 이름은 '죽음'이었고 지옥이 그 뒤를 따르고 있었습니다. 그들은 전쟁과 굶주림과 전염병과 땅의 짐승들로 땅의 사분의 일을 죽일 권세를 받았습니다.

8

그분께서 다섯째 인을 떼실 때 내가 보니 하나님의 말씀과 그들이 가진 증거 때문에 죽임을 당한 사람들의 혼들이 제단 아래 있었습니다.

그들은 큰 소리로 울부짖으며 말했습니다.

> "오! 거룩하고 참되신 주여.
> 땅에 살고 있는 그들을 심판하시어 우리를 죽인 자들에게 원수 갚아 주실 날이 얼마나 남았습니까?"

그러자 그들 각 사람들에게 흰 옷을 주시면서 말씀하셨습니다.

S.D.G

“너희의 동료 종들과 형제들이 너희처럼 죽임을 당하여 그 수가 찰 때까지 잠시만 더 쉬어라.”

9

내가 보니 그분께서 여섯째 인을 떼실 때

지축을 흔드는 큰 지진이 일어나고,
해가 머리털로 짠 천같이 검게 변하고,
달은 온통 핏빛으로 변하고,
하늘의 별들이 강풍에 흔들려 떨어지는 덜 익은 무화과 열매처럼 하늘에서 떨어지고,

하늘은 두루마리 같이 말려서 쓸려가고,
섬과 산들이 이리 저리로 옮겨졌습니다.

땅의 왕들과 위대한 자들과 부자들과 대장들과 힘 있는 자들과 모든 노예들과 모든 자유자들이 동굴과 산속의 바위틈에

S.D.G

숨어 산들과 바위들을 향해 소리쳤습니다.

"산들아! 바위들아!
우리 위로 떨어져
보좌에 앉아 계신 분의 얼굴과
어린양의 진노에서 우리를 숨겨다오!

그분이 진노하시는 그 큰 날이 되었으니
누가 감히 견딜 수 있겠는가?"

10

이 일들 후에 나는 네 천사가 땅의 네 모퉁이에 서서 땅이나 바다나 심지어 나뭇가지조차도 흔들리지 못하도록 사방의 바람들을 꼭 붙들고 있는 것을 보았습니다.

그리고 다른 천사가 살아계신 하나님의 인장을 가지고 동쪽에서 올라오는 것을 보았습니다.

그가 땅과 바다를 훼손시킬 임무를 받은 네 천사에게 천둥 같은 큰 소리로 외쳤습니다.

> "우리가 우리 하나님의 종들의 이마에 인장을 다 찍을 때까지, 땅이나 바다나 나뭇가지 하나라도 훼손시키지 말라."

S.D.G

나는 인장을 받은 사람들의 수가 얼마인지 들었습니다.

유다 지파에서 12,000명

르우벤 지파에서 12,000명

갓 지파에서 12,000명

아셀 지파에서 12,000명

납달리 지파에서 12,000명

므낫세 지파에서 12,000명

시므온 지파에서 12,000명

레위 지파에서 12,000명

잇사갈 지파에서 12,000명

스불론 지파에서 12,000명

요셉 지파에서 12,000명

베냐민 지파에서 12,000명

이스라엘 자손의 모든 지파 가운데 인장을 받은 사람의 수는 144,000명이었습니다.

11

이 일 후에 내가 본 것은 모든 나라들과 민족들과 백성들과 언어들 가운데에서 나온 그 누구도 셀 수 없는 큰 무리였고 그들은 보좌 앞과 어린양 앞에 서서 흰 옷을 입고 손에 종려나무 가지를 들고 큰 소리로 소리 질러 말했습니다.

> "구원하심이 보좌에 앉으신 우리 하나님과 어린 양께 있도다!"

보좌와 장로들과 네 생물들 주위에 둘러서 있는 모든 천사들이 보좌 앞에 엎드려 얼굴을 땅에 대고 하나님께 경배하며 말했습니다.

> "아멘! 찬송과 영광과 지혜와 감사와 존귀와 권세

S.D.G

와 능력이 우리 하나님께 영원무궁토록 있도다.
아멘!"

바로 그때 장로들 중 한 사람이 나에게 물었습니다.

"저기 흰 옷을 입은 사람들은 누구이며 어디서 왔습니까?"

나는 말했습니다. "장로님, 당신이 아십니다."

그러자 그가 말했습니다.

"이들은 큰 환란에서 나온 사람들인데, 자신들의 옷을 씻어 그 옷들을 어린양의 피로 희게 하였습니다.

그러므로 그들은 하나님의 보좌 앞에 있으며 그 분의 성전에서 밤낮으로 그 분을 섬기고, 보좌에 앉아계신 분이 그들 가운데 머물러 계실 것입니다.

그들은 다시는 굶주리거나 목마르지 않고, 태양이나 어떤 뜨거움도 그들에게 영향을 끼치지 못할 것입니다.

왜냐하면 보좌 가운데 계신 어린양이 그들을 먹이시고, 생수의 샘들로 인도하시고, 하나님께서 그들의 눈에서 모든 눈물을 닦아 주실 것이기 때문입니다."

12

그분께서 일곱째 인을 떼시자 하늘이 30분 정도 고요해졌습니다.

그때 나는 일곱 천사들이 하나님 앞에 서 있고 그들에게 일곱 개의 나팔이 주어지는 것을 보았습니다.

또 다른 천사가 금향로를 들고 와서 제단에 섰습니다.

그 천사는 많은 양의 향을 받았는데 이것은 보좌 앞 금제단에 모든 하나님의 거룩한 백성들의 기도들과 함께 올려 드리려는 것입니다 .

그 향의 연기가 하나님 백성들의 기도와 함께 천사의 손에서

S. D. G

하나님 앞으로 올라갔습니다.

그리고 그 천사가 향로를 가지고 와서 제단에서 나오는 불을 향로에 가득 담아 땅으로 던지자 음성들과 천둥들과 번개들과 지진이 일어났습니다.

그때 일곱 나팔을 든 일곱 천사가 나팔을 불려고 준비했습니다.

13

첫째 천사가 나팔을 불자 피가 섞인 우박과 불이 땅으로 쏟아졌습니다. 그것들이 쏟아지자 나무의 삼분의 일이 타버리고 모든 푸른 풀도 타버렸습니다.

둘째 천사가 나팔을 불자 불타오르는 거대한 산 같은 것이 바다 속으로 던져졌습니다. 그러자 바다의 삼분의 일이 피가 되었습니다. 그리고 바다에 사는 생물들의 삼분의 일이 죽고, 배들의 삼분의 일이 부서졌습니다.

셋째 천사가 나팔을 불자 횃불처럼 타오르는 거대한 별이 하늘에서 떨어져 강들의 삼분의 일과 물들의 근원들에 떨어졌습니다.

S. D. G

그 별의 이름은 '쓴 쑥'인데 물들의 삼분의 일이 쓴 물이 되어 많은 사람들이 그 물을 마시고 죽었습니다.

넷째 천사가 나팔을 불자 해의 삼분의 일과 달의 삼분의 일과 그리고 별의 삼분의 일이 타격을 받아 그것들의 삼분의 일이 어두워져 낮의 삼분의 일이 빛을 비추지 못했고 밤의 삼분의 일도 빛을 비추지 못했습니다.

또 내가 보니, 하늘 한가운데로 날아가며 큰 소리로 말하는 천사의 음성을 들었습니다.

> "화 있으리라! 화 있으리라!
> 땅에 사는 자들에게 화 있으리라!
>
> 이제 불게 될 세 천사들의 나팔소리들이
> 더 남아있기 때문이다!"

14

다섯째 천사가 나팔을 불었습니다.

그때 나는 별 하나가 하늘에서 땅으로 떨어지는 것을 보았습니다. 그리고 그는 바닥이 없는 끝없이 깊은 무저갱의 열쇠를 받았습니다.

그가 그 끝없이 깊은 무저갱을 열자 큰 용광로에서 연기가 뿜어져 나오 듯 무저갱에서 연기가 뿜어져 올라 왔습니다.

쏟아져 나오는 그 무저갱의 연기 때문에 해와 공기가 어두워졌습니다. 그 연기 속에서 전갈처럼 독침을 가진 메뚜기들이 땅으로 나왔습니다.

S. D. G

그 메뚜기들은 땅의 풀이나 푸른 것이나 나무는 어떤 것 하나라도 해치지 말고 이마에 하나님의 인장이 찍히지 않은 사람들만 해치라는 명령을 받았는데, 그 명령은 그 사람들을 죽이지는 말고 다섯 달 동안 고통만 주라는 것이었습니다.

그것들이 공격할 때 그 고통은 전갈에 쏘이는 것 같아서 그 날들 동안 사람들은 차라리 죽기를 원할 것입니다.

그러나 죽을 수도 없습니다.
왜냐하면 죽으려 해도 죽음이 그들을 피해 다닐 것이기 때문입니다.

연기 속에서 나온 메뚜기들은 전투를 준비한 말들처럼 보였습니다.

그것들은 머리에 금 왕관 같은 것을 썼고,
얼굴은 사람의 얼굴 같고,
머리카락은 여자들의 머리털 같았습니다.
이빨은 사자의 이빨 같고,

가슴에는 철 가슴받이를 하고 있었고,

날개 소리는 싸움터로 달리는

많은 말들이 끄는 전차소리 같았으며,

꼬리는 전갈의 꼬리 같았는데 그 꼬리에 독침을 가졌습니다.

그 꼬리에는 다섯 달 동안 사람들을 해치는 능력이 있었습니다.

15

그들은 자기들을 다스리는 왕이 있었는데 그는 바로 무저갱의 천사입니다. 그의 이름은 히브리어로 '아바돈'이었고, 헬라어로는 '아볼루온'입니다.

첫째 화는 지나갔지만 앞으로 두 가지 화가 더 있을 것입니다.

여섯째 천사가 나팔을 불자 하나님 앞에 있는 금제단의 네 뿔에서 나오는 한 음성이 나팔을 가진 여섯째 천사에게 말했습니다.

> "큰 강 유프라테스에 가두어 놓은 네 천사를 풀어 주어라."

S. D. G

풀려난 네 천사들은 예정된 년, 월, 일, 시간에 인류의 삼분의 일을 죽이려고 준비해 놓은 자들입니다.

기병대의 수는 2억이었는데 내가 그들의 수를 들었습니다.

또 나는 환상 중에 말들과 그 말을 탄 사람들을 보았는데, 말 탄 사람들은 불빛과 적황빛과 유황빛으로 된 가슴막이를 했고, 말들의 머리는 사자 머리 같았고, 그 입에서 불과 연기와 유황을 내뿜고 있었습니다.

말들의 입에서 나오는 불과 연기와 유황 때문에 인류의 삼분의 일이 죽었습니다.

그것들의 무기는 입과 꼬리였는데 그 꼬리는 뱀 같았고 거기에 머리가 달려 있어 그것으로 사람들을 해쳤습니다.

이런 재앙들에서 죽지 않고 살아남은 사람들은 자기들이 행한 일들을 전혀 회개하지 않고, 악령들을 숭배하며, 보지도 못하고 듣지도 못하고 걷지도 못하는 금, 은, 구리, 돌, 나무로 만든 우상들 섬기기를 그만두지 않았습니다.

그들은 여전히 살인, 마법, 음행, 도둑질을 하며 회개하지 않았습니다.

16

그리고 나는 또 다른 힘센 천사가 구름에 싸여 하늘에서 내려오는 것을 보았습니다.

그의 머리위에는 무지개가 있고, 얼굴은 해 같았고, 다리는 불기둥 같았습니다.

그의 손에는 작은 책 하나가 펼쳐져 있었는데 그의 오른발은 바다를, 왼발은 땅을 딛고 서서 사자가 포효하듯 큰 소리로 외쳤습니다.

그가 외치자 일곱 천둥들이 소리를 냈습니다. 일곱 천둥들이 소리를 낼 때 내가 막 받아 적으려 하는데 하늘에서부터 나에게 한 음성이 들렸습니다.

S. D. G

"일곱 천둥들이 말한 것을 너는 인봉하고 기록하지 마라."

그때 바다와 땅을 딛고 서 있는 천사가 하늘을 향해 손을 들더니 하늘과 그 안의 모든 것과 땅과 그 안의 모든 것과 바다와 그 안의 모든 것을 창조하신 영원히 살아계신 분을 두고 맹세했습니다.

"더 이상 지체하지 않을 것이다.
일곱 번째 천사가 나팔 부는 날이 되어 그가 나팔을 불기 시작할 때 그동안 하나님께서 그분의 종들인 선지자들에게 말씀하셨던 대로 하나님의 비밀이 모두 이루어질 것이다."

하늘에서부터 들려오는 음성이 다시 나에게 말했습니다.

"가서 바다와 땅을 딛고 서 있는 천사의 손에 펼쳐진 책을 받아라."

내가 그 천사에게 가서 그 작은 책을 달라고 하자 그가 말했습니다.

> “이것을 받아서 먹어라. 이것이 너의 배에는 쓰겠지만 너의 입에는 꿀처럼 달 것이다.”

나는 천사의 손에서 그 작은 책을 받아 먹었습니다.

정말 그것은 입에는 꿀처럼 달았지만 내가 그것을 먹자 배에서는 썼습니다.

그때 그가 내게 말했습니다.

> “너는 많은 백성들과 민족들과 언어들과 왕들 앞에서 다시 예언해야 한다.”

17

또 나에게 측량자 같은 갈대를 주며 그 천사가 서서 말했습니다.

"너는 일어나서 하나님의 성전과 제단과 그 안에서 예배하는 사람들을 측량하라.

그러나 성전 바깥뜰은 측량하지 말고 내버려 두어라. 그곳은 이방인들에게 주어졌기에 그들이 마흔두 달 동안 그 거룩한 도시를 짓밟을 것이다.

그리고 내가 나의 두 증인에게 능력을 주어 그들이 굵은 베옷을 입고 1260일 동안 예언할 것이다."

S. D. G

이 두 사람은 땅의 하나님 앞에 서 있는 두 감람나무이며, 두 촛대입니다.

누구든지 그들을 해치려고 하면 그들의 입에서 불이 나와 그들의 적들을 집어 삼켜 버릴 것입니다.
그들을 해치면 누구든지 이렇게 죽게 될 것입니다.

두 증인들은 하늘을 닫을 능력이 있어 예언하는 날들 동안 비가 오지 않게 할 수도 있고, 시냇물과 강과 바다를 피로 변하게 할 수도 있어 원하는 때 언제든지 모든 재앙들을 땅에 불러올 수 있습니다.

18

"또 그들이 그들의 증언을 다 마칠 때, 끝없이 깊은 무저갱에서 올라 온 그 짐승이 그들과 전쟁을 하여 그들을 이기고, 그들을 죽일 것이다.

그들의 죽은 몸들은 그 큰 도시의 거리에 버려질 것인데 그 도시는 영적으로 소돔과 이집트라고 불리는, 우리 주께서 십자가에 못 박히셨던 죄악이 가득한 곳이다.

백성들과 족속들과 언어들과 민족들 중에서 온 사람들은 그들의 죽은 몸들을 사흘 반 동안 내버려두고 구경하며 장례도 못하게 할 것이다.

S. D. G

오히려 세상 사람들은 서로에게 선물을 보내며 기뻐하고 즐거워할 것인데, 이것은 그 두 선지자가 세상사람들의 죄를 지적해 그들을 괴롭게 했기 때문이다."

그러나 사흘 반이 지난 후 하나님께로부터 온 그 생명의 영이 그들 속으로 들어가자 그들이 살아나 자기들의 발로 섰습니다. 그들을 바라보던 구경꾼들은 너무 놀라 몹시 두려워했습니다.

그때 구경꾼들은 하늘에서 나는 큰 음성이 살아난 선지자들에게 하는 말을 들었습니다.

"이리로 올라오라."

그러자 두 선지자들이 구름에 싸여 하늘로 올라갔습니다. 그들의 적들이 이 모든 것을 지켜 보았습니다.

그 순간 거대한 지진이 일어나 도시의 십분의 일이 무너졌고 7000명의 사람들이 죽었습니다. 살아남은 사람들은 무서워하며 하늘의 하나님께 영광을 돌렸습니다.

두 번째 재앙은 지나갔지만,

보십시오!

세 번째 재앙이 곧 닥칠 것입니다.

19

일곱 번째 천사가 나팔을 불 때 하늘에 큰 음성들이 있어 말했습니다.

"이 세상 나라가 우리 주와 그의 그리스도의 나라가 됐으니 그분이 영원무궁토록 통치하시리로다."

하나님 앞에서 보좌에 앉아 있던 이십사 장로가 얼굴을 땅에 대고 엎드려 하나님께 경배하며 말했습니다.

"오! 지금 계시고, 전에도 계셨고,
장차 오실 전능하신 주 하나님!

우리가 당신께 감사드리는 것은

S.D.G

당신께서 당신의 크신 권능을 가지고
통치하시기 때문입니다.

민족들이 분노했으나,
오히려 당신의 진노가 나타났고
죽은 자들이 심판 받을 때가 왔습니다.

당신께서 당신의 종인 선지자들과 성도들과
당신의 이름을 경외하는 크고 작은 자들에게
상을 주시고, 땅을 파괴시키는 자들은 멸망하게
하십니다."

그러자 하늘에 있는 하나님의 성전 문들이 열리고 성전 안 그분의 언약궤가 보였습니다.

그리고 그곳에는 번개들과 음성들과 천둥들과 지진과 큰 우박이 있었습니다.

20

그때 하늘에 크고 이상한 광경이 나타났습니다.

해를 옷으로 입은 한 여자가 달을 밟고 서서, 머리에는 열두 별이 있는 왕관을 쓰고 있었습니다.

아이를 가진 그 여인은 해산의 고통으로 울부짖으며 아이를 낳으려고 아파했습니다.

하늘에 또 다른 이상한 광경이 나타났는데
보십시오!

커다란 붉은 용 한 마리가 있는데
그 용은 머리가 일곱 개이고 열 개의 뿔을 가졌고,

S. D. G

그의 머리들 위에 일곱 왕관을 쓰고 있었습니다.

그 용이 꼬리를 들어 하늘에서 별 삼분의 일을 잡아끌어 땅으로 던졌습니다.

그리고 그 용은 아이를 낳으려는 그 여자 앞에 서 있었는데 그 여자의 아이가 태어나면 바로 삼켜버리려는 것입니다.

여자는 아들을 낳았는데 그 아이는 모든 민족들을 쇠 지팡이로 다스릴 자입니다.

태어난 그녀의 아이가 하나님과 그의 보좌 앞으로 들려 올라갔습니다.

그리고 여자는 광야로 도망갔습니다.

광야에는 하나님께서 그녀를 위해 예비하신 곳이 있었는데 1260일 동안 그들이 그녀를 돌보도록 하나님께서 마련해 놓으신 장소였습니다.

21

그때 하늘에서 전쟁이 벌어졌습니다.

미가엘과 그의 천사들이 용과 싸움을 벌였습니다.
용과 그의 부하 천사들도 대항하여 싸웠지만 이기지 못하고, 그들은 하늘에 더 이상 있을 곳을 찾지 못해 쫓겨났습니다.

쫓겨 난 큰 용은 옛 뱀 또는 마귀, 사탄이라 불리며 온 땅을 미혹시키는 자입니다.
그 용이 그의 부하 천사들과 함께 땅에 내던져진 것입니다.

그때 나는 하늘에서 큰 음성이 나는 것을 들었습니다.

"이제 구원과 능력과 우리 하나님의 나라와 그분

S. D. G

의 그리스도의 권능이 나타났도다!

이는 우리 하나님 앞에서 밤낮으로 우리 형제들을 일러바치던 그 참소자가 쫓겨났기 때문이다.

그들은 어린양의 피와 그들이 증거하는 말씀으로 그를 이겼으니 그들은 죽기까지 자기들의 생명을 사랑하지 않았도다!

그러므로 너희 하늘들과 그것들 안에 거하는 너희들은 즐거워하라!

그러나 땅과 바다에 거하는 자들에게는 화가 있으리라!

왜냐하면 마귀가 자기의 시간이 얼마 남지 않았다는 것을 알고 매우 분노하여 너희에게로 내려갔기 때문이다."

22

용은 자기가 땅으로 쫓겨난 것을 알고 아들을 낳았던 여자를 못살게 굴며 괴롭혔습니다.

그때 그 여자가 큰 독수리의 두 날개를 받았습니다.

여자는 독수리 날개로 광야에 있는 자기 피난처로 날아가서 뱀을 피해 3년 반 동안 돌봄을 받으며 안전하게 지낼 수 있었습니다.

그 뱀은 그녀를 홍수에 떠내려가게 하려고 입에서 물을 강같이 쏟아 냈지만 땅이 그녀를 도와서 그 땅의 입을 벌려 용이 쏟아낸 물을 모두 땅속으로 삼켜버렸습니다.

S.D.G

그러자 용이 그 여자에게 격분하여 그녀의 남은 자손들, 즉 하나님의 계명을 지키고, 예수 그리스도의 증거를 가진 자들과 전쟁을 하려고 나갔습니다.

23

그때 나는 바닷가 모래위에 서서, 짐승 하나가 바다에서 올라오는 것을 보았습니다.

그 짐승은 일곱 개의 머리와 열 개의 뿔을 가졌는데, 각 뿔들에는 왕관이 씌워져 있었고 그의 머리들에는 하나님을 모독하는 이름이 있었습니다.

내가 본 짐승은 표범 같이 생겼는데 발은 곰의 발 같고 입은 사자의 입 같았습니다. 용은 그의 능력과 그의 권좌와 큰 권세를 이 짐승에게 주었습니다.

내가 보니 짐승의 머리들 가운데 하나가 심한 상처를 입어 죽게 된 것 같아 보였는데 그의 치명적인 상처가 낫게 되자 온

S. D. G

땅이 놀라워하며 그 짐승을 따르게 되었습니다.

사람들은 짐승에게 능력을 준 그 용을 경배했고 또 짐승에게도 경배하며 말했습니다.

"그 짐승과 같은 자가 어디 있을까?
감히 누가 그와 겨루어 싸울 수 있겠는가?"

그 짐승은 큰 일들을 말하며 하나님을 모독했습니다.
그리고 그에게는 마흔 두 달 동안 권력이 주어졌습니다.

짐승은 하나님을 대적하여 모독하는 말을 했고, 그분의 이름과 그분이 거하시는 장막과 하늘에 거하고 있는 이들을 모독했습니다.

또 그 짐승은 성도들과 싸워서 이기게 되고, 모든 족속들과 언어들과 민족들을 다스리고 지배하는 권세를 받았습니다.

세상의 기초가 세워질 때부터 죽임 당한 어린양의 생명책에 그 이름이 기록되어 있지 않은 모든 사람들은 그 짐승에게 경배하게 될 것입니다.

누구든지 알아들을 수 있는 사람은 알아들으십시오!

포로를 삼는 자는 포로가 될 것이며, 칼로 죽이는 자는 칼에 죽게 될 것입니다.

그러나 하나님의 거룩한 백성들은 끝까지 인내하며 믿음을 지킬 것입니다.

24

나는 또 다른 짐승이 땅에서 올라오는 것을 보았습니다.

그 짐승은 어린 양처럼 두 뿔이 있었는데 그가 말할 때는 용이 말하는 것 같았습니다.

그는 그의 앞에 있던 첫 번째 짐승의 모든 능력을 행사하며, 온 세상 사람들에게 치명상으로 죽게 되었다가 살아난 첫 번째 짐승을 경배하게 했습니다.

이 두 번째 짐승은 매우 놀라운 일들을 행했는데 심지어 사람들 앞에서 하늘에서 불이 땅위로 내려오게도 했습니다.

그리고 첫 번째 짐승에게 받은 능력으로 기적들을 행하며 사

S.D.G

람들을 미혹했고, 땅에 거하는 사람들에게 칼의 상처를 입었다가 살아난 그 짐승의 형상을 만들어야 한다고 했습니다.

또 그는 짐승의 형상에게 생명을 줄 능력이 있어 그 짐승의 형상이 말도 하게 했습니다.

그리고 그 짐승의 형상에 경배하지 않는 사람은 모두 죽이도록 했습니다.

25

또 그가 어린 자나 위대한 자나, 부자나 가난한 자나, 자유인이나 노예나, 모든 사람들에게 그들의 오른손이나 이마에 표를 받도록 했습니다.

그 표나 그 짐승의 이름이나 그의 이름의 수를 받은 사람을 제외하고는 누구도 물건을 사거나 팔 수 없었습니다.

지혜가 여기 있습니다.
그 짐승의 수의 의미가 무엇인지 헤아려 생각해 보십시오!

그것은 한 사람의 수인데 그의 수는 666입니다.

S.D.G

26

나는 또 놀라운 광경을 보았습니다.

보십시오!
어린양이 시온 산에 서 있었고, 이마에 그의 아버지의 이름이 쓰여 있는 144,000명이 어린양과 함께 서 있었습니다.

그때 내가 하늘에서 나는 소리를 들었는데 많은 물들의 소리와도 같고 큰 천둥소리와도 같았습니다. 또 나는 하프 켜는 사람들이 하프 켜는 소리도 들었습니다.

그들은 보좌 앞과 네 생물들과 장로들 앞에서 새 노래 같은 것을 부르고 있었는데 땅에서 구속함을 받은 144,000명 외에는 아무도 그 노래를 배울 수 없었습니다.

S. D. G

그들은 땅에서 타협하거나 더럽혀지지 않고, 하나님 앞에서 처녀처럼 순결하게 어린양만을 사랑하며 살았고, 어린양이 가는 곳이면 어디든지 따라갔습니다.

그들은 사람들 가운데 구속을 받아 하나님과 어린양께 첫 열매가 되었습니다.

또 그들은 하나님 보좌 앞에서 흠 없는 사람들이기 때문에 그들의 말에는 교활함을 찾아볼 수 없었습니다.

27

나는 또 다른 천사가 공중에 높이 치솟아 날고 있는 것을 보았습니다.

그는 이 땅에 살고 있는 사람들과 모든 민족과 족속과 언어와 백성에게 전할 영원한 복음을 가지고 있었습니다.

그가 큰 목소리로 외쳤습니다.

> "하나님을 두려워하고 그분께 영광을 돌려라! 그분께서 심판하실 때가 왔다! 하늘과 땅과 바다와 물들의 근원을 만드신 그분을 경배하여라!"

또 다른 천사가 뒤따라와서 소리쳤습니다.

S. D. G

"바벨론이 무너졌도다! 무너졌도다! 그 큰 도시여!
이는 바벨론이 그녀의 음행으로 모든 민족들에게
진노의 포도주를 마시게 만들었기 때문이다!"

세 번째 천사가 그들을 따라가며 큰 소리로 외쳤습니다.

"누구든지 짐승과 그의 형상에게 경배하고 이마나 손에 그의 표를 받는 자도 하나님의 진노의 포도주를 마시게 될 것이다. 그것은 하나님의 분노의 잔에 아무것도 섞지 않고 부은 포도주이다.
그는 거룩한 천사들 앞과 어린양 앞에서 불과 유황으로 고통 받게 될 것이고, 그 고통의 연기가 영원토록 올라 갈 것이다.

짐승과 그의 형상에 경배하는 사람들과 그의 이름의 표를 받는 사람은 누구든지 밤이나 낮이나 잠시라도 쉼을 얻지 못할 것이다."

그러나 여기 하나님의 계명들을 지키며 예수의 믿음을 가지고 인내하는 성도들이 있습니다.

28

하늘에서부터 들리는 음성이 나에게 말씀하셨습니다.

"기록하라. 이제부터 주님 안에서 죽는 자는 복이 있도다."

성령께서 말씀하셨습니다.

"그렇다! 그들은 힘들었던 일들을 그치고 안식할 것인데 그들이 행한 일들도 그들의 뒤를 따라 다닐 것이다."

S. D. G

29

또 내가 보니 흰 구름과 그 구름 위에 금 면류관을 쓰고 예리한 낫을 든 사람의 아들 같으신 분이 앉아 계셨습니다.

그 때 다른 천사가 성전에서 나와 구름 위에 앉으신 분께 큰 소리로 외쳤습니다.

> "당신의 낫을 내밀어 추수하십시오. 당신께서 추수할 때가 되었습니다. 땅의 곡식들이 무르익었습니다."

그러자 구름 위에 앉으신 분이 땅에 그분의 낫을 휘둘러 추수하기 시작하셨습니다.

S. D. G

또 다른 천사가 하늘에 있는 성전에서 나왔습니다.
그도 역시 예리한 낫을 들고 있었습니다.

또 한 천사가 제단으로부터 나왔는데 그는 불을 다스리는 천사였습니다. 그가 예리한 낫을 가진 천사에게 큰 소리로 외쳤습니다.

> "너의 예리한 낫으로 땅의 포도송이를 거두어라.
> 땅의 포도들이 다 익었다."

그러자 그 천사가 낫을 휘둘러 땅의 포도를 모아 하나님의 진노의 큰 포도즙 틀에 던져 넣었습니다.

포도즙 틀이 도시 밖에서 짓밟힐때 포도즙 틀에서 피가 흘러나와 말고삐 높이만큼 닿았고, 흘러나온 피는 300km가 넘도록 흘러갔습니다.

30

나는 크고 놀라운 또 다른 징조가 하늘에 있는 것을 보았는데 일곱 천사가 그 안에 하나님의 진노가 가득 찬 마지막 일곱 재앙들을 가지고 있었습니다.

그리고 또 보니 마치 불이 섞인 유리 바다 같은 것이 있었습니다.

그 유리바다 위에는 짐승을 경배 하지 않고, 그의 형상에 절하지 않고, 짐승의 표와 그의 이름의 숫자를 받지 않은 이긴 자들이 하나님의 하프를 들고 서 있었습니다.

그들은 하나님의 종 모세의 노래와 어린양의 노래를 부르며 말했습니다.

S. D. G

“전능하신 주 하나님!
당신께서 행하신 일들이 크고 놀라우십니다.
당신은 성도들의 왕!
당신의 길은 의롭고도 참되십니다.

오! 주여!
누가 당신을 두려워하지 아니하며 당신의 이름을
영화롭게 하지 않겠습니까?

오직 당신만이 거룩하십니다.
모든 민족들이 당신께 나와 경배할 것입니다.
이는 당신의 심판이 나타났기 때문입니다.”

그 후에 내가 보니
보십시오!
하늘에 있는 증거의 성막의 성전이 열리는 것이었습니다.

그리고 정결하고 하얀 세마포를 입고 가슴에 금띠를 두른 일곱 천사가 일곱 재앙을 가지고 그 성전에서 나왔습니다.

그때 네 생물 가운데 하나가 영원토록 살아계신 하나님의 진노로 가득 찬 일곱 금대접을 일곱 천사에게 주었습니다.

성전은 하나님의 영광과 그분의 권능으로 인해 연기가 가득 찼고. 일곱 천사의 일곱 재앙이 끝나기까지는 아무도 그곳에 들어갈 수 없었습니다.

31

나는 성전에서 일곱 천사를 향해 나오는 큰 음성을 들었습니다.

"가서 하나님의 진노가 담긴
일곱 대접을 땅에 쏟아 부어라."

첫 번째 천사가 가서 그의 대접을 땅에 쏟았습니다.

그러자 짐승의 표를 가진 사람들과 그의 형상에 경배한 모든 사람들에게 악취가 나는 심한 종기가 생겼습니다.

S. D. G

32

두 번째 천사가 그의 대접을 바다에 쏟았습니다.

그러자 바다가 죽은 사람의 피같이 변하고, 모든 살아있는 혼들이 바다에서 죽었습니다.

세 번째 천사가 강들과 물들의 근원들에 그의 대접을 쏟았습니다. 그러자 물이 피로 변했습니다.

나는 물들의 천사가 말하는 소리를 들었습니다.

"오! 지금 계시고, 전에도 계셨고,
앞으로도 계시는 주여!

S. D. G

이렇게 심판하시니 당신은 의로우십니다. 그들이 성도와 선지자들의 피를 흘리게 하였으니 당신께서 그들에게 피를 주어 마시게 하신 것이 그들에게 마땅한 것입니다."

나는 제단에서 또 다른 소리가 말하는 것을 들었습니다.

"그렇습니다. 전능하신 주 하나님! 당신의 심판들은 참되시고 의로우십니다!"

33

네 번째 천사가 그의 대접을 태양에 쏟아 부었습니다.

그러자 태양에서 사람들을 태우는 뜨거운 불이 뿜어져 나왔습니다.

강한 열기가 사람들을 태우자, 사람들은 이런 재앙들을 행하시는 하나님의 이름을 모독하며 회개도 하지 않았고, 그 분께 영광을 돌리지도 않았습니다.

다섯째 천사가 그의 대접을 짐승이 권세 잡은 자리에 쏟아 부었습니다.

그러자 짐승의 나라 전체가 어두움으로 가득 찼습니다.

S. D. G

사람들은 너무 고통스러워 그들의 혀를 깨물었습니다.

그리고 고통과 종기 때문에 하늘의 하나님을 모독하면서, 자신들이 한 행동들은 회개하지 않았습니다.

34

여섯 번째 천사가 그의 대접을 큰 강 유프라테스에 쏟아 부었습니다.

그러자 강물이 바싹 말라 버렸습니다. 강물이 마르게 되자 동쪽에서 오는 왕들이 바닥이 드러난 마른 강을 건너 올 수 있도록 길이 준비 되었습니다.

나는 용의 입과 짐승의 입과 거짓 선지자의 입에서 개구리 같은 세 개의 더러운 영들이 스물 스물 기어 나오는 것을 보았습니다.

그것들은 기적들을 행하는 마귀의 영들인데 그것들이 온 세상과 땅의 왕들에게 가서 전능하신 하나님의 그 큰 날에 있을 전

S. D. G

쟁을 위해 히브리어로 '아마겟돈'이라는 곳으로 그 왕들을 불러 모았습니다.

> "보라. 내가 도둑같이 오리라. 깨어 있어 그의 옷을 갖춰 입고 나를 맞을 준비가 된 사람은 복되다.
>
> 그러나 준비되지 못한 사람은 옷을 입지 못해 벌거벗은 채로 다니며 큰 부끄러움을 당할 것이다."

35

일곱째 천사가 그의 대접을 공중에 쏟아 부었습니다.

그러자 하늘의 성전에서 큰 음성이 보좌로부터 나와 말했습니다.

“다 이루었다.”

그때 음성들과 천둥들과 번개들과 함께 지금까지 한 번도 없었던 엄청난 지진이 났습니다.

사람이 땅에 살게 된 이후 그렇게 강력하고 큰 지진은 없었습니다. 그 큰 도시는 세 조각이 났고 민족들의 도시들도 무너졌습니다.

S. D. G

이것은 하나님께서 큰 바벨론을 기억하시고 그분의 맹렬한 진노의 포도주 잔을 그녀에게 내리신 것입니다.

모든 섬이 사라지고 산들도 사라져 버렸습니다. 하늘에서는 무게가 60킬로그램이나 되는 초대형 우박이 사람들 위에 떨어졌습니다.

우박 재앙을 당하자 사람들은 하나님을 모독했습니다. 그들이 당한 그 재앙이 상상할 수 없을 만큼 너무 컸기 때문입니다.

36

일곱 대접을 가진 일곱 천사 가운데 하나가 와서 내게 말했습니다.

"이리로 오라. 많은 물들 위에 앉은 큰 음녀가 받을 심판을 네게 보여 주겠다.

땅의 왕들이 그녀와 함께 음행했고, 땅에 사는 사람들도 그녀의 음행의 포도주에 취하였다."

그 천사는 영 안에서 나를 광야에 데리고 갔습니다.

나는 붉은 색 짐승을 타고 있는 한 여자를 보았습니다.

S. D. G

그 짐승은 온통 하나님을 모독하는 이름으로 가득했고 일곱 개의 머리와 열 개의 뿔이 있었습니다.

여자는 자주색과 붉은색의 옷을 입고 금과 보석과 진주로 장식하고 손에는 금잔을 가졌는데 그 잔에는 온갖 가증한 것들과 그녀가 행한 음행의 더러움으로 가득 차 있었습니다.

그녀의 이마에는 이름이 쓰여 있었는데 '비밀, 큰 바벨론, 땅의 음녀들과 가증한 것들의 어미'라고 쓰여 있었습니다.

37

내가 보니 그 여자는 성도들의 피와 예수님의 순교자들의 피를 마시고 취해 있었습니다. 그 여자를 보고 내가 소스라치며 크게 놀라자 천사가 말했습니다.

> "왜 놀라느냐? 내가 그 여자의 비밀과 그 여자가 타고 있는 일곱 머리와 열 뿔을 가진 짐승의 비밀을 말해 주겠다. 네가 본 짐승은 전에는 있었고 지금은 없지만 장차 바닥이 없는 깊은 무저갱에서 올라와 결국 지옥으로 떨어질 것이다. 세상의 기초가 세워 질 때부터 그 이름이 생명책에 기록되어 있지 않은 땅위의 사람들은 전에 있었고, 지금은 없지만 앞으로 있는 그 짐승을 보게 될 때 놀라워할 것이다.

S. D. G

지혜롭게 잘 생각 해 보아라. 일곱 머리는 그 여자가 앉아 있는 일곱 산이다. 또 일곱 왕이 있는데 일곱 왕 중 다섯은 멸망했고, 하나는 지금 있고, 또 하나는 아직 나타나지 않았지만 그가 나타날 때 그는 잠시 동안만 있을 것이다.

전에 있었으나 지금은 없는 그 짐승은 여덟 번째 왕이기도 하고, 일곱 중 하나이기도 하다. 그리고 그 짐승은 장차 지옥으로 떨어질 것이다.”

38

“네가 본 열 뿔은 열 왕인데 그들은 아직 나라를 받지 못했지만, 그 짐승과 함께 잠시 동안 왕으로서 권세를 가질 것이다. 이들이 의기투합하여 그들의 권세와 힘을 그 짐승에게 넘겨 줄 것이다.

이들은 어린양에 맞서 전쟁을 일으키겠지만 어린양이 그들을 이길 것이다. 왜냐하면 어린양이야말로 주들 중의 주이시고, 왕들 중의 왕이시기 때문이다.

그분과 함께 있는 자들은 부르심을 받았고 택하심을 받았으며 신실한 사람들이다.”

S.D.G

천사가 다시 말했습니다.

"네가 본 그 음녀가 앉아있는 물은 백성들과 무리들과 민족들과 언어들이다. 그리고 네가 본 짐승의 열 뿔들은 그 음녀를 미워하여 파멸시키고 벌거벗기며 그 여자의 살을 먹고 그 여자를 불태워 버릴 것이다.

이는 하나님께서 그분의 뜻을 이루시려고 하나님의 말씀이 이루어질 때까지 그들이 마음을 합하여 그들의 왕국을 그 짐승에게 주도록 하셨다. 네가 본 그 여자는 땅의 왕들을 지배하는 큰 도시이다."

39

이런 일들 후에 나는 또 다른 천사가 하늘에서 내려오는 것을 보았습니다. 그는 굉장히 큰 권세를 가졌고 그의 영광으로 온 땅이 환해졌습니다.

그가 큰 소리로 힘있게 외쳤습니다.

> "큰 바벨론이 무너졌도다! 무너졌도다!
> 바벨론은 귀신들의 처소가 되었고, 온갖 더러운 영들의 소굴과 온갖 더럽고 가증한 새들이 모이는 곳이 되었다.
>
> 모든 나라들이 그녀의 음행으로 진노의 포도주를 마시고 취하였으며 땅의 왕들은 그녀와 함께 음

S. D. G

행을 저질렀고 땅의 상인들은 그녀의 사치함을 이용하여 돈을 벌어 들였다."

하늘에서 또 다른 큰 음성이 말했습니다.

"내 백성아! 어서 빨리 그 여자에게서 나오라. 그녀와 함께 죄짓지 말고 그녀가 받는 재앙들을 너는 받지 않게 하라.

그녀의 죄들이 하늘까지 닿았고 하나님께서 그녀의 모든 불의를 기억하셨다.

그녀가 너에게 준만큼 그녀에게 되돌려 주고 그녀가 행한 것에 따라 두 배로 되갚아 주어라. 그녀가 채운 잔에 든 것도 그녀에게 두 배로 채워 주어라.

그녀가 자신을 영화롭게 하고 즐기며 산 만큼 고통과 비통함을 주어라.

그녀는 마음에 말하기를 '나는 여왕이고 과부가 아니다. 나는 결코 슬픈 일을 당하지 않을 것이다.'라고 했지만 결국 하루 만에 죽음과 슬픔과 기근의 재앙들이 그녀에게 닥치고 그녀는 불로 완전히 태워질 것이다.

이 모든 것은 그녀를 심판하시는 주 하나님께서는 강하시기 때문이다."

40

그 여자와 함께 행음하고 즐기며 살던 땅의 왕들은 그 여자를 태우는 불의 연기를 보고 몹시 슬퍼하며 큰 소리로 울 것입니다. 그리고 그들은 그녀의 고통을 보며 너무 무서워 멀리 서서 말할 것입니다.

"아, 아, 슬프다! 슬프다!
저 큰 도시 바벨론이여! 그 강성했던 도시여!
너에게 심판이 내려져 한 순간에 모든 것이 끝나
버렸구나!"

땅의 상인들도 그녀를 보고 애통해하며 슬퍼 할 것입니다. 이제 자기들의 상품을 살 사람이 없어 사업이 망했기 때문입니다.

S. D. G

그들은 금과 은과 값진 보석과 진주, 또 고운 모시와 자주 옷감과 비단과 붉은 옷감, 향나무와 상아와 값진 나무와 구리와 철과 대리석으로 만든 그릇, 계피와 향료와 향유와 유향, 또 포도주와 기름과 고운 밀가루와 밀, 소와 양과 말과 전차, 그리고 노예를 사고팔았는데, 사람들의 마음까지도 사고팔았습니다.

> "너희가 열렬하게 바라던 온갖 종류의 맛있는 음식들과 멋지고 세련된 모든 물건들이 다 없어져 버렸다. 너희가 다시는 그런 것들을 구경도 할 수 없게 되었다!"

41

그 여자 덕에 이런 물건들로 막대한 돈을 벌었던 상인들도 그 여자가 당하는 고통이 두려워 멀찍이 서서 울고 통곡하면서 말했습니다.

> "아, 아, 슬프다! 슬프다! 그 큰 도시여!
> 화려한 옷과 금과 보석과 진주로 치장하고 단장
> 했었는데 그렇게 엄청났던 부가 단 한 시간 만에
> 망해 버렸구나!"

그리고 모든 선장과 모든 선객, 선원, 바다에서 장사하는 모든 사람들도 모두 멀리 서서 그녀가 불타는 연기를 보며 비통해 하며 울었습니다.

"아! 이렇게 큰 도시가 또 어디 있을 수 있겠는가!"

그들은 머리에 티끌를 뿌리며 소리 질러 통곡하고 울며 말했습니다.

"아, 아, 슬프다! 슬프다! 그 큰 도시여!
바다에서 장사하는 배를 가진 모든 사람들이 그
녀가 사는 값비싼 상품들 덕에 부자가 되었는데
한 시간 만에 그녀가 다 무너져 망해 버렸네!"

42

> "너 하늘이여! 너희 거룩한 사도들과 선지자들이여! 그녀에게 내려진 일로 즐거워하라!
>
> 그 여자가 너희에게 행한 모든 악행에 대해 하나님께서 너희 원수를 그 여자에게 갚아 주셨다."

그리고 한 힘센 천사가 큰 맷돌 같은 돌을 들어 바다에 던지며 말했습니다.

> "큰 도시 바벨론이 이렇게 세게 내던져져 결코 다시는 볼 수 없게 되었다. 이제 네 안에서는 하프 켜는 소리도, 음악 하는 소리도, 플룻 부는 소리도, 트럼펫 부는 소리도 들을 수 없고, 멋진 기술

S. D. G

을 가진 장인도 볼 수 없고, 맷돌 가는 소리도 들리지 않고, 촛불의 불빛도 비취지 않고, 신랑과 신부의 다정한 말소리도 네 안에서는 결코 다시 듣지 못할 것이다.

이 모든 일들은 바벨론, 너의 상인들이 세상에서 권력을 잡았고, 너는 마법으로 모든 민족들을 미혹하여 속였고, 선지자들의 피와 성도들의 피와 이 땅에서 살해된 모든 사람들의 피가 그녀 안에서 발견되었기 때문이다."

43

이런 일들이 있은 후 나는 하늘에서 많은 사람들의 큰 함성소리가 말하는 것을 들었습니다.

"할렐루야!
구원과 영광과 존귀와 능력이 주 우리 하나님께 있도다. 이는 그분의 심판은 참되고 의로우시기 때문이다. 그분께서 음행으로 땅을 타락시킨 큰 음녀를 심판하시어 음녀의 손에 죽은 그분의 종들이 흘린 피의 억울함을 원수 갚아 주셨다."

그들이 다시 외쳤습니다.

"할렐루야!"

J. D. G

그러자 그 여자를 태우는 연기가 영원토록 올라갔습니다.

그때 스물 네 장로와 네 생물들이 보좌에 앉으신 하나님께 엎드려 경배하며 말했습니다.

"아멘, 할렐루야!"

그러자 그 보좌에서 한 음성이 나서 말했습니다.

"너희 모든 그분의 종들과 큰 자나 작은 자나 하나님을 경외하는 사람들아! 우리 하나님을 찬양하라!"

44

또 나는 큰 무리의 음성 같고, 많은 물들의 소리 같으며, 강력한 천둥 같은 소리가 말하는 것을 들었습니다.

"할렐루야! 전능하신 주 하나님께서 통치하신다!
기뻐하고 즐거워하며 그분께 영광을 돌리세.

어린양의 혼인식이 다가왔고 그의 아내도 자기
준비를 마쳤도다. 그녀가 정결하고 흰 세마포로
만든 옷을 입도록 허락 받았는데 이 세마포 옷은
성도들의 의이다."

그때 천사가 내게 말했습니다.

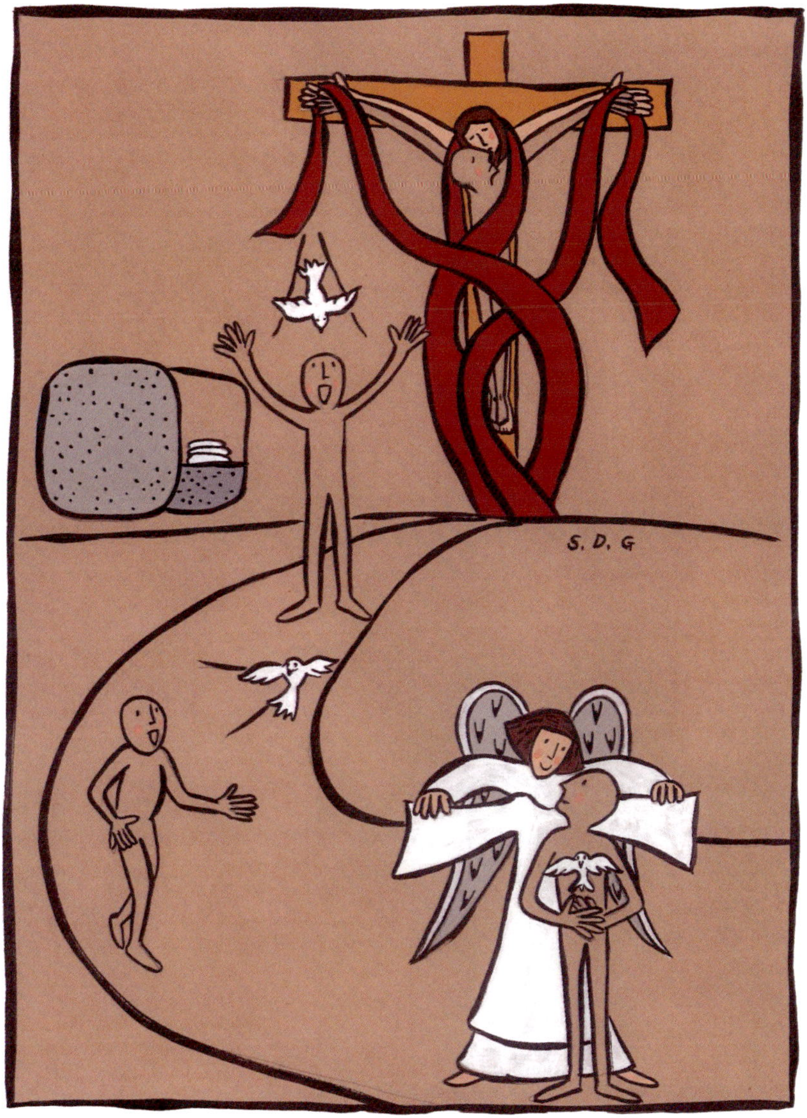
S. D. G

> "'어린양의 혼인 잔치에 초대받은 사람들은 복이 있다.'라고 적어라. 이것들은 하나님의 참된 말씀들이다."

내가 그를 경배하려고 그의 발 앞에 엎드리는데 그가 말했습니다.

> "보라! 그러지 말아라. 나는 예수의 증언을 가진 네 형제들과 같은 동료 종이니 하나님께 경배하라. 예수의 증언은 예언의 영이라."

45

그때 나는 하늘이 열린 것을 보았는데, 흰말과 그 말을 타신 분이 보였습니다. 그분은 ‘신실’과 ‘진실’이라 불리며, 의로 심판하시고 싸우시는 분입니다.

그분의 눈은 불꽃 같고, 그분의 머리에는 많은 왕관이 있었습니다. 또 그분께 한 이름이 쓰여 있었는데 그 이름은 그분 외에는 아무도 알지 못했습니다.

그분은 피에 적신 옷을 입으셨고, 그분의 이름은 ‘하나님의 말씀’이라 불립니다.

하늘에 있는 군대들이 희고 정결한 세마포 옷을 입고 흰말을 타고 그분의 뒤를 따랐습니다.

KING OF KING
LORD OF LORDS
S.D.G

그분의 입에서는 예리한 칼이 나와 그것으로 모든 민족을 치시고 쇠 지팡이로 그들을 다스리실 것입니다. 그리고 그분은 전능하신 하나님의 맹렬한 진노의 포도즙 틀을 밟을 것입니다.

그분의 옷과 허벅지에는 '만왕의 왕, 그리고 만주의 주'라고 이름이 적혀 있었습니다.

46

그리고 나는 한 천사가 태양 안에 서서 하늘을 나는 모든 새들에게 큰 소리로 외치는 것을 보았습니다.

> "위대하신 하나님이 베푸신 만찬에 다함께 모여라. 왕들과 장군들과 용사들과 말들과 말 탄 사람들과 자유인이나 노예나, 평범한 사람들이나 위대한 사람들이나 이 모든 자들의 살을 먹으라."

나는 그 짐승과 땅의 왕들과 그들의 군대가 그 말 타신 분과 그 분의 군대에 맞서 전쟁을 하려고 함께 모인 것을 보았습니다.

그러나 그 짐승이 붙잡히고, 짐승 앞에서 기적들을 행하던 거짓 선지자도 그와 함께 잡혔습니다. 그 거짓 선지자는 짐승과

함께 짐승의 표를 받은 자들과 짐승의 우상을 경배한 자들을 미혹하던 자입니다.

이 둘은 산 채로 유황이 불타오르는 불못에 던져졌습니다.

나머지 사람들도 말 탄 그분의 입에서 나오는 칼에 죽임을 당했고, 모든 새들이 그들의 살을 배불리 먹었습니다.

47

나는 한 천사가 손에 끝없이 깊고 깊은 무저갱의 열쇠와 큰 사슬을 가지고 하늘에서 내려오는 것을 보았습니다.

그가 용을 잡았는데 그 용은 바로 옛 뱀이고, 마귀이고, 사탄입니다.

천사가 천 년 동안 그를 묶어서 끝없이 깊은 무저갱에 던져 가둔 후 단단히 잠궈 천년이 될 때까지 민족들을 속이거나 미혹하지 못하게 했습니다.

그러나 그 후에 용이 반드시 잠깐 풀려나게 될 것입니다.

내가 보좌들을 보았는데 심판하는 일을 맡은 사람들이 보좌위

S. D. G

에 앉아 있었습니다. 또 예수님을 증언함과 하나님의 말씀 때문에 목베임을 당한 사람들의 혼들을 보았는데 그들은 짐승과 그의 형상에 경배하지 않고 이마나 손에 그의 표를 받지 않은 사람들입니다.

그들은 살아서 그리스도와 함께 천 년 동안 통치했습니다.

그러나 죽은 사람들 중 그 나머지는 천년이 끝날 때까지 다시 살아나지 못했습니다.

이것이 첫째 부활입니다.

이 첫째 부활에 참여하는 사람은 복되고 거룩합니다.

둘째 사망이 그들에게 아무런 영향도 끼치지 못합니다.

그뿐만 아니라 그들은 하나님과 그리스도의 제사장들이 될 것입니다. 그리고 그분과 함께 천 년 동안 통치할 것입니다.

48

그 천년이 지나고 나면 사탄이 그의 감옥에서 풀려날 것입니다.

사탄은 땅의 사방에 있는 민족들, 곧 곡과 마곡을 미혹하려고 나가서 그들의 수를 바다의 모래같이 많이 모아 함께 전쟁을 일으킬 것입니다.

그들이 땅의 넓은 곳으로 올라가 하나님의 거룩한 백성들의 진영과 하나님이 사랑하시는 도시를 포위할 것입니다.

그러나 하늘에서 하나님께로부터 불이 쏟아져 내려 그들을 모두 삼켜 버릴 것입니다.

그리고 그들을 미혹했던 마귀는 불과 유황 못에 던져져 그곳

S. D. G

에 있는 짐승과 거짓 선지자와 함께 밤낮으로 영원토록 고통 받을 것입니다.

49

또 나는 크고 흰 보좌와 그 위에 앉아 계신 분을 보았습니다. 그분의 얼굴 앞에서 땅과 하늘이 흔적도 없이 사라 졌습니다.

또 나는 죽은 자들이 작은 자나 큰 자나 모두 하나님 앞에 서 있는 것을 보았습니다.

거기에 책들이 펼쳐져 있었고, 또 다른 책도 펴져 있었는데 그 것은 생명책이었습니다. 죽은 사람들은 그들이 행한 일에 따라 그 책에 기록된 대로 심판을 받았습니다.

바다가 그 안에 있던 죽은 사람들을 내주었고, 죽음과 지옥도 그 안에 있던 죽은 사람들을 넘겨주었습니다.

BOOK OF
S. D. G

죽은 사람들은 각자 자신들이 행한 일에 따라 심판을 받았습니다.

그리고 사망과 지옥도 불못에 던져졌습니다.

이것이 둘째 사망입니다.

누구든지 그 생명책에 자기 이름이 적혀 있지 않은 사람은 다 불못에 던져졌습니다.

50

나는 새로운 하늘과 새로운 땅을 보았습니다.
처음 만들어진 하늘과 땅은 사라지고 더 이상 바다도 없습니다.

그리고, 나, 요한은 하나님으로부터 하늘에서 새로운 거룩한 성 새 예루살렘이 내려오는 것을 보았는데 그 도시는 남편을 위해 단장한 신부처럼 준비되어 있었습니다.

나는 하늘에서 큰 음성이 말하는 것을 들었습니다.

> "보아라! 이제 하나님께서 거하시는 장막이 사람들과 함께 있어 그분께서 그들과 함께 거하시니 그들은 하나님의 백성이 되고, 하나님께서 친히 그들과 함께 계시니 그들의 하나님이 되실 것이다.

S. D. G

하나님께서 그들의 눈에서 모든 눈물을 닦아 주시고 더 이상 죽음이나 슬픔이나 애통하는 것이나 아픈 것이 없을 것이다. 이는 이전에 있던 것들이 다 사라져 버렸기 때문이다."

보좌에 앉으신 분이 말씀하셨습니다.

"보아라! 내가 만물을 새롭게 만드노라.
기록하라. 이 말들은 참되고 신실하다."

또 내게 말씀하셨습니다.

"다 이루었다. 나는 알파와 오메가요, 시작과 끝이다. 내가 목마른 사람에게 생명수 샘을 값없이 줄 것이다.

이기는 자는 모든 것을 상속받을 것이다. 나는 그의 하나님이 되고 그는 나의 아들이 되리라.

그러나 두려워하는 자들, 믿지 않는 자들, 흉악한 자들, 살인자들, 마법하는 자들, 우상 숭배하는 자들, 거짓말하는 모든 자들은 불과 유황이 타는 못에 들어갈 것이다.

이것이 둘째 사망이다."

51

마지막 일곱 재앙이 가득 찬 일곱 대접을 들고 있던 일곱 천사 가운데 하나가 나에게 와서 말했습니다.

“이리로 오라!
내가 어린양의 아내인 신부를 보여 주겠다.”

천사는 영 안에서 나를 이끌어 크고 높은 산으로 데려가서 큰 성 거룩한 예루살렘이 하나님으로부터 하늘에서 내려오는 것을 보여 주었습니다.

하나님의 영광이 있는 그 성은 가장 귀한 보석 같고, 벽옥 같았고, 수정처럼 맑았습니다.

S. D. G

그 성의 성벽은 크고 높았으며, 열 두 대문이 있었는데 거기에는 열 두 천사와 이스라엘 자손 열두 지파의 이름들이 새겨져 있었습니다.

대문은 동쪽에 세 개, 북쪽에 세 개, 남쪽에 세 개, 서쪽에 세 개가 있었습니다.

그리고 그 성의 성벽에는 열 두 개의 기초석들이 있었는데 거기에는 어린양의 열두 사도의 이름들이 쓰여 있었습니다.

내게 말하던 천사는 그 성과 그 문들과 성벽의 크기를 측량하려고 금 갈대 측량자를 가지고 있었습니다.

그 성은 정사각형이어서 길이와 너비가 같았는데 그가 금 갈대 측량자로 그 성을 측량했더니 12,000스타디온으로 길이와 너비와 높이가 같았습니다. 또 그가 그 성벽을 측량하니 144 규빗이었는데 이것은 사람의 치수 즉 천사의 치수에 따른 것입니다.

성벽은 벽옥으로 되어 있고, 그 성은 투명한 유리같은 순금이었습니다.

그 성의 성벽의 기초석들은 온갖 종류의 보석으로 장식되어 있었는데 첫째 기초석은 벽옥이었고, 둘째는 사파이어, 셋째는 옥수, 넷째는 에메랄드, 다섯째는 홍마노, 여섯째는 홍보석, 일곱째는 황옥, 여덟째는 녹옥, 아홉째는 담황옥, 열째는 비취옥, 열한째는 청옥, 열두째는 자수정으로 되어 있었습니다.

열두 문들은 열두 진주였는데 각 문마다 한 개의 진주로 되어 있고, 그 성의 길은 투명한 유리같은 순금이었습니다.

52

내가 보니 성 안에는 성전이 없었습니다. 전능하신 주 하나님과 그 어린양이 그곳의 성전이시기 때문입니다.

그 성은 해나 달이 그 안에서 빛을 비출 필요가 없었습니다. 하나님의 영광이 그 곳을 비추고, 어린양이 그곳의 빛이시기 때문입니다.

구원 받은 자들의 민족들이 그 성의 빛 가운데서 걸을 것이고, 땅의 왕들이 그들의 영광과 존귀를 그곳으로 가져올 것입니다.

그리고 낮 동안에 그곳의 문들은 절대 닫히는 법이 없는데 그곳에는 밤이 없기 때문에 하루 종일 문들이 닫히지 않을 것입니다. 그들이 민족들의 영광과 존귀를 그곳으로 가지고 들어

THE
LIFE
S. D. G

올 것입니다.

무엇이든지 더럽게 하는 것이나, 가증한 일을 행하는 사람이나 거짓말하는 사람은 결코 그곳에 들어가지 못합니다.

오직 어린양의 생명책에 이름이 적혀 있는 사람들만 들어가게 됩니다.

53

그 천사는 나에게 하나님과 어린양의 보좌에서 흘러 나오는 수정 같이 맑은 생명수의 정결한 강을 보여 주었습니다.

그 성의 거리 한가운데와 그 강의 양쪽에는 열두 가지 종류의 열매를 맺는 생명나무가 있는데 달마다 열매를 맺었고 그 나무의 잎사귀들은 민족들을 치유하기 위해 있었습니다.

이제 더 이상 저주는 없고 하나님과 어린양의 보좌가 그 가운데에 있어 그분의 종들이 그분을 섬길 것입니다.

그들은 그분의 얼굴을 뵐 것이며 그분의 이름이 그들의 이마 위에 있을 것입니다.

S. D. G

그곳에는 밤이 없겠고 그들에게는 촛불도 햇빛도 필요하지 않습니다. 왜냐하면 주 하나님께서 그들을 비추시기 때문입니다.

그리고 그들이 영원토록 다스릴 것입니다.

54

천사가 내게 말했습니다.

"이 말씀들은 신실하고 참되다.

거룩한 선지자들의 주 하나님께서 반드시 곧 일어날 일들을 그분의 종들에게 알려 주시려고 그분의 천사를 보내셨다.

'보아라! 내가 곧 오리라. 이 책의 예언의 말씀들을 지키는 사람은 복이 있다.'

라고 하신다."

S. D. G

나 요한은 이것들을 보았고 들었습니다.

내가 이 모든 것들을 보고 들었을 때 나에게 이것들을 보여준 천사의 발 앞에 경배하려고 엎드렸더니 그가 나에게 말했습니다.

> "보라. 그렇게 하지 마라!
> 나도 너의 형제 선지자들과 이 책의 모든 말씀을 지키는 사람들과 같은 너의 동료 종이다. 하나님께 경배하여라."

천사가 계속해서 말했습니다.

> "이 책의 예언의 말씀들을 인봉하여 넣어두지 말라. 이 모든 일이 일어날 때가 가까이 왔기 때문이다.
>
> 불의한 사람은 여전히 불의하게 살도록 내버려두고, 더러운 삶을 사는 사람도 여전히 더러운 삶

을 살도록 내버려 두어라.

의로운 사람은 계속 의롭게 살게 하고 거룩한 사람은 계속 거룩하게 살게 하여라.”

55

"보라. 내가 곧 올 것이다. 내가 나의 상을 가지고 가서 각 사람에게 그의 행한 일에 따라 줄 것이다.

나는 알파와 오메가요, 시작과 끝이요, 처음과 마지막이다.

그의 계명들을 행하는 자들은 복이 있으니 그들에게 생명나무를 얻게 하고 그 문들을 통하여 성 안으로 들어가게 할 것이다.

그러나 개들과 마법하는 자들과 음행하는 자들과 살인자들과 우상숭배자들과 거짓말을 즐겨하는 자는 모두 성 바깥에 있게 된다.

S. D.G

> 나 예수는 교회들 안에서 이것들을 너희에게 증언하게 하려고 나의 천사를 보냈다.
>
> 나는 다윗의 뿌리요, 자손이요, 빛나는 새벽별이다."

성령과 신부가 말씀하십니다. "오라!"

듣는 사람도 "오십시오!"라고 말하게 하십시오.

목마른 사람도 오게 하십시오.

또 원하는 사람은 누구나 생명수를 값없이 마시게 하십시오.

에필로그

나는 이 책의 예언의 말씀을 듣는 모든 사람들에게 확실하게 증언합니다.

만일 누구든지 이 일들에 무엇을 더하면 하나님께서 이 책에 기록된 재앙들을 그에게 더하실 것입니다. 또 누구든지 이 책의 예언의 말씀들에서 무엇을 제하여 버리면 하나님께서 생명의 책과 거룩한 성과 이 책에 기록된 것들에서 그의 부분을 제하여 버리실 것입니다.

이 일들을 증언하신 그 분이 말씀하십니다.

“반드시 내가 곧 올 것이다.”

아멘! 그렇습니다.

주 예수여, 오시옵소서!

우리 주 예수 그리스도의 은혜가

여러분 모두와 함께 있기를 바랍니다.

아멘!

S. D. G